DANKSAGUNG

Mein besonderer Dank an dieser Stelle gilt meinem lieben Mann Frank Heeger, der mich jederzeit ermutigt und unterstützt hat.

Frank hat mir die Möglichkeit eröffnet und von Herzen den Freiraum gegeben, mein Herzenswunsch, mein erstes eigenes Buch zu schreiben, zu ermöglichen.

Unermüdlich hat er sich um unser „Baby" – unseren kleinen Bishon Frisé namens Bobbi gekümmert, um mir den Raum zucm Schreiben zu geben.

Die Gestaltung und das formelle Layout dieses Buches hat Frank Heeger kreiert und übernommen. Ich danke Dir von Herzen!

AF210946

E

© SABINE HEEGER,

Homepage: https://sabineheeger.de

1.AUFLAGE 2025 - VOLLSTÄNDIG ÜBERARBEITET

F

DUALSEELENLIEBE

VERSTEHEN

EIN ARBEITSBUCH FÜR

HEILUNG UND WACHSTUM

A

VORWORT

Liebe Leserin lieber Leser,

Als Lebensberater, Medium und auch manchmal als Coach setzt du dir oft große Ziele.

Du willst etwas bewegen, Menschen in den unterschiedlichsten Lebenslagen weiterbringen und deine Erfahrungen an Menschen weitergeben.

Die Menschen suchen im Leben nach Lösungen für ihre Probleme Sie wissen oft nicht wie sieht die Lösungen finden.

Dieses Buch hilft dabei die Herausforderung anzunehmen und unterstützt bei der Umsetzung.

Mit diesem Buch dient zur Klärung und Grundlage, die dir einen Weg aufzeigen Krisen in der Partnerschaft zu verstehen und zu lösen!

B

SABINE HEEGER - ÜBER DIE AUTORIN

Sabine Heeger ist eine inspirierende Wegbegleiterin, spirituelle Lebensberaterin, ausgebildetes Medium, zertifizierte Yoga-Lehrerin, Kartenlegerin und Autorin.

Seit über 20 Jahren hat sie sich intensiv mit den Themen Seelenentwicklungen in Partnerschaften, deren Lebens-Prägungen und Auswirkungen in einer Seelenpartnerschaft beschäftigt. Aktuelle und populäre Themen wie Bewusstseinswandel und Energiearbeit sind in zahlreichen Aus- und Weiterbildungen von ihr verständlich in Kursen und Workshops aufbereitet.

Ihre Arbeit verbindet auf einzigartige Weise Spiritualität und menschliche Erfahrung.

C

Die jahrelange Tätigkeit als selbstständige Lebens-Beraterin hat entscheidenden Anteil daran, sich einen unermesslichen Schatz von spirituellem Wissen und menschlicher Erfahrung anzueignen. Sabine Heeger ist nahezu täglich präsent auf den bekannten Social-Media-Kanälen (YouTube, Facebook, Instagram, TikTok u.a.) mit beachtlichen Reichweiten.

Impulse der geistige Seelenwelt haben ihr den Mut gegeben, ein Buch zum Thema „Dualseelen Liebe verstehen" zu schreiben. In leicht verständlicherweise Schreibweise werden die unterschiedlichen Phasen einer Dualseelen-Liebe beschrieben. Detaillierte Aufgaben und bewusste Übungen helfen, spirituell Interessierte bei ihrer persönlichen Entwicklung, Heilung und Persönlichen Wachstum zu unterstützen.

D

INHALTSVERZEICHNIS

I

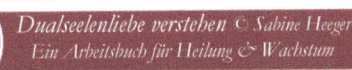
III

IV

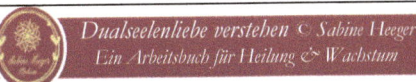
V

VI

VII

ABSCHLUSS 130

Einleitung

Eine Dualseelenverbindung ist eine der intensivsten Erfahrungen, die ein Mensch machen kann. Sie kann wunderschön, aber auch unglaublich herausfordernd sein.

Viele Menschen fühlen sich in dieser besonderen Verbindung verloren, verwirrt oder sogar hilflos.

Dieses Buch soll dir helfen, Klarheit zu finden, deine Emotionen besser zu verstehen und deinen eigenen Weg zu gehen – egal, wie deine Dualseelenreise weitergeht.

Was dich in diesem Buch erwartet

Dieses Buch ist nicht nur eine Erklärung über Dualseelen, sondern ein Arbeitsbuch.

1

Das bedeutet, dass du nicht nur liest, sondern aktiv an deinem eigenen Prozess arbeitest.

Du findest hier:

➢ Erklärungen, die dir helfen, die Phasen einer Dualseelenverbindung zu verstehen.

➢ Reflexionsfragen, die dich zum Nachdenken anregen.

➢ Übungen, die dich bei deiner inneren Heilung unterstützen.

➢ Platz für eigene Notizen, damit du deine Gedanken und Gefühle festhalten kannst.

Wie du dieses Buch am besten
für Dich nutzt?

Jeder Mensch erlebt seine Dualseelenreise anders. Du kannst das Buch von vorne bis

hinten durchgehen oder gezielt die Kapitel lesen, die dich gerade besonders ansprechen.

Wichtig ist, dass du dir Zeit lässt und ehrlich zu dir selbst bist. Heilung braucht Geduld – und du darfst in deinem eigenen Tempo wachsen.

Die Dualseelenreise als Weg der persönlichen Transformation

Vielleicht fühlt sich deine Dualseelenverbindung gerade schmerzhaft oder unverständlich an. Doch sie hat einen tieferen Sinn: Sie möchte dich zu dir selbst führen.

Dieses Buch begleitet dich dabei, deine eigene Stärke zu entdecken, innere Blockaden zu lösen und in die wahre Liebe – zu dir

selbst – zu finden.

Bist du bereit für diese Reise?

Dann lass uns gemeinsam

starten.

4

Kapitel 1

Die Magie und Herausforderung einer Dualseelenverbindung

Eine Dualseelenverbindung ist etwas ganz Besonderes.

Sie fühlt sich anders an als jede andere Beziehung, die du bisher erlebt hast. Vielleicht hast du das Gefühl, endlich „angekommen" zu sein, als hättest du dein fehlendes Puzzlestück gefunden. Doch genauso schnell kann diese Verbindung schmerzhaft, verwirrend und herausfordernd werden.

In diesem Kapitel schauen wir uns an, was eine Dualseele ist, welche Missverständnisse es gibt und warum diese Begegnung dein Leben für immer verändern kann.

5

Was ist eine Dualseele?

Die Idee der Dualseele besagt, dass zwei Seelen aus einer gemeinsamen Energie stammen.

Manche beschreiben es so, als sei eine Seele einst geteilt worden und nun begegnen sich die beiden Hälften wieder.

Andere sagen, dass Dualseelen einfach zwei Seelen sind, die auf einer tiefen Ebene zusammengehören. Egal, wie man es sieht – eine Dualseelenverbindung fühlt sich einzigartig an.

Sie ist geprägt von intensiver Liebe, aber auch von tiefen Herausforderungen.

Das Besondere daran ist, dass die Verbindung nicht nur romantisch ist, sondern vor allem ein Spiegel deiner eigenen Seele. Deine Dualseele zeigt dir deine

Stärken, aber auch deine Ängste,

Unsicherheiten und ungelösten Themen.

Woran erkennst du deine Dualseele?

> Vom ersten Moment an spürst du
> eine unerklärliche Vertrautheit

> Du hast das Gefühl, dass ihr euch auf
> einer tiefen Ebene versteht, auch
> ohne viele Worte.

> Die Verbindung ist intensiv – sie
> kann wunderschön, aber auch
> herausfordernd sein.

> Du erlebst emotionale Höhen und
> Tiefen, die du aus anderen
> Beziehungen nicht kennst.

> Die Begegnung bringt tiefgehende
> Veränderungen in dein Leben.

Doch es gibt viele
Missverständnisse über
Dualseelen. Lass uns einige
davon anschauen.

Die häufigsten Mythen und Missverständnisse

Viele Menschen haben romantische Vorstellungen von Dualseelen, die in Wirklichkeit nicht immer stimmen. Hier sind einige typische Mythen:

Mythos 1: Dualseelen sind immer füreinander bestimmt

Viele glauben, dass Dualseelen dazu bestimmt sind, für immer zusammen zu sein. Doch das ist nicht immer der Fall.

Eine Dualseelenverbindung dient vor allem der persönlichen Entwicklung. Manchmal

8

bedeutet das, dass beide Seelen zusammenbleiben, manchmal aber auch, dass sie getrennte Wege gehen müssen, um zu wachsen.

Mythos 2: Die Verbindung ist immer harmonisch

Dualseelenliebe kann wunderschön sein, aber sie ist nicht immer leicht.

Im Gegenteil: Sie bringt oft alte Wunden an die Oberfläche, die geheilt werden wollen.

Das kann zu emotionalem Schmerz führen, aber auch zu einem tiefen Heilungsprozess.

Mythos 3: Wenn es weh tut, muss es wahre Liebe sein

Nur weil eine Verbindung intensiv ist, bedeutet das nicht automatisch, dass sie gesund ist.

Eine Dualseelenverbindung kann dir viele Lektionen über Selbstliebe und innere Heilung lehren – aber es ist wichtig, dass du dich selbst dabei nicht verlierst.

Mythos 4: Dualseelen müssen alles gemeinsam durchstehen

Manchmal ist es besser, sich vorübergehend oder dauerhaft zu trennen, um sich selbst zu finden. Eine Dualseelenverbindung ist keine Abhängigkeit, sondern eine Einladung zur persönlichen Entwicklung.

Diese Missverständnisse können dazu führen, dass Menschen in ungesunden Mustern feststecken. Doch wenn du verstehst, warum dir deine Dualseele begegnet ist, kannst du die Verbindung aus einer neuen Perspektive betrachten.

Warum begegnen sich Dualseelen?

Die Begegnung mit deiner Dualseele ist kein Zufall. Sie hat einen tieferen Sinn – sie soll dich wachsen lassen.

Hier sind einige **Gründe, warum Dualseelen sich begegnen**:

> **Spiegel deiner Seele:** Deine Dualseele zeigt dir, was in dir noch ungelöst ist. Sie bringt deine Ängste, aber auch deine größten Stärken ans Licht.

> **Innere Heilung:** Die Verbindung kann alte Wunden und Verletzungen aus der Vergangenheit aktivieren, damit du sie heilen kannst.

> **Seelische Weiterentwicklung:** Deine Dualseele hilft dir, dich selbst besser kennenzulernen und spirituell zu wachsen.

> **Lektion in Selbstliebe:** Eine der wichtigsten Botschaften der Dualseelenreise ist: Liebe dich selbst

Viele Menschen erleben die Dualseelenverbindung als eine emotionale Achterbahn. Doch wenn du sie als Lernprozess annimmst, kann sie eine der größten Chancen für deine persönliche Entwicklung sein.

Übung - Platz für Reflexion: Meine erste Begegnung mit meiner Dualseele

Denk einmal an den Moment zurück, als du deiner Dualseele zum ersten Mal begegnet bist:

- Wie hast du dich gefühlt?
- Welche Gedanken gingen dir durch den Kopf?

Einige Leit-Fragen dazu - zur Reflexion:

12

1. Wie hast du deine Dualseele kennengelernt?

2. Welche Gefühle hat die Begegnung in dir ausgelöst?

3. Gab es etwas, das dir von Anfang an besonders aufgefallen ist?

4. Hattest du das Gefühl, diese Person schon immer zu kennen?

5. Welche Herausforderungen sind seitdem in dein Leben gekommen?

Platz für deine Notizen:

_____

_____

_____

_____

_____

_____

_____

_____

_____

_____

_____

_____

_____

_____

_____

_____

_____

_____

_____

_____

Nimm dir Zeit, um diese Fragen ehrlich zu beantworten. Du kannst sie später noch einmal anschauen und beobachten, wie sich deine Sichtweise verändert.

Fazit:

14

Die Begegnung mit deiner Dualseele kann magisch und herausfordernd zugleich sein.

Sie ist kein Zufall, sondern eine Einladung, dich selbst besser kennenzulernen und innerlich zu wachsen.

Doch es ist wichtig, realistisch zu bleiben und dich nicht in romantischen Vorstellungen zu verlieren.

Im nächsten Kapitel gehen wir auf die verschiedenen Phasen der Dualseelenreise ein und schauen uns an, warum so viele Dualseelen durch eine Trennung gehen müssen.

Bist du bereit, tiefer in diese

Reise einzutauchen? Dann lass

uns weitermachen!

Kapitel 2:

Die Phasen der Dualseelenreise

Eine Dualseelenverbindung ist oft nicht geradlinig. Viele Menschen erleben intensive Gefühle, große Sehnsucht, Trennungen und Wiederannäherungen. Das kann verwirrend sein, aber es gibt eine gewisse Struktur in diesem Prozess.

Die meisten Dualseelen durchlaufen bestimmte Phasen.

Sie sind nicht immer genau gleich und dauern unterschiedlich lange, aber sie helfen dir zu verstehen, warum deine Reise so verläuft, wie sie es tut.

Lass uns gemeinsam die

typischen Phasen anschauen.

Die erste Begegnung – Der magische
Moment

Wenn du deiner Dualseele zum ersten Mal
begegnest, fühlt es sich oft an, als würdest du
nach langer Zeit „nach Hause kommen".
Viele Menschen berichten von einem tiefen
Wiedererkennen, auch wenn sie sich vorher
nie gesehen haben.

Typische Gefühle in dieser Phase:

- ➤ Sofortige Vertrautheit und Nähe
- ➤ Intensive Anziehung auf körperlicher
  und seelischer Ebene

➢ Das Gefühl, dass diese Person eine besondere Bedeutung in deinem Leben hat

➢ Euphorie, aber auch Verunsicherung

Manche Menschen erleben diese Phase nur kurz und intensiv, andere dagegen genießen sie länger.

Doch eines ist sicher:

Diese Begegnung verändert dich.

Die Verschmelzung – Intensität und tiefe Verbindung

Nach der ersten Begegnung wächst die Verbindung oft sehr schnell.

19

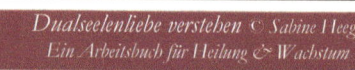

Viele Dualseelen erleben eine Phase, in der sie sich fast unzertrennlich fühlen.

Gespräche gehen tief, die Emotionen sind stark und es kann sich anfühlen, als würde man in einer anderen Realität leben.

Doch genau hier beginnt oft die Herausforderung. Denn je stärker die Verbindung, desto mehr tiefsitzende Ängste und Unsicherheiten werden geweckt.

Typische Herausforderungen in dieser Phase:

➢ Verlustangst oder Zweifel tauchen auf

➢ Alte Verletzungen aus der Vergangenheit brechen hervor

➢ Ein Gefühl der Abhängigkeit entsteht

➢ Ein Gefühl von Angst, sich ganz auf die Verbindung einzulassen

20

Diese Phase kann

wunderschön, aber auch

herausfordernd sein. Denn hier

zeigt sich, ob beide bereit sind,

sich wirklich aufeinander

einzulassen.

Der Schmerz der Trennung

„Warum es (scheinbar) nicht funktioniert?"

Fast alle Dualseelen erleben irgendwann eine
Trennung. Manchmal ist es nur eine kurze
Distanzierung, manchmal ist es eine längere
oder dauerhafte Trennung.

Warum passiert das?

Die Dualseelenverbindung bringt unbewusste
Muster, Ängste und Blockaden ans Licht.

21

Oft fühlen sich beide überfordert und wissen nicht, wie sie mit der Intensität umgehen sollen.

Häufig gibt es dabei zwei Rollen:

- ➤ Der „Läufer" zieht sich zurück, weil die Verbindung ihm Angst macht oder er sich überfordert fühlt.
- ➤ Der „Verfolger" kämpft um die Verbindung, weil er die Trennung nicht akzeptieren kann.

Diese Dynamik kann großen Schmerz verursachen, ist aber oft notwendig. Denn sie zwingt beide, sich mit sich selbst

auseinanderzusetzen.

Wichtige Erkenntnisse in dieser Phase:

> ➢ Die Trennung ist nicht das Ende, sondern Teil des Wachstumsprozesses.

> ➢ Der Schmerz zeigt dir, wo du noch Heilung brauchst.

> ➢ Es geht nicht darum, die andere Person zu „bekommen", sondern um deine eigene Entwicklung.

Der innere Transformationsprozess –
Wachstum durch Schmerz

Nach der Trennung beginnt oft die tiefste Phase der Heilung. Hier geht es nicht mehr um den anderen, sondern um dich selbst.

Was passiert in dieser Phase?

23

➤ Du erkennst deine eigenen Ängste und Unsicherheiten.

➤ Du fängst an, an deinen inneren Themen zu arbeiten.

➤ Du lernst, loszulassen und dich selbst zu lieben.

Viele Menschen erleben in dieser Zeit eine starke persönliche Entwicklung. Es kann weh tun, aber es ist auch eine riesige Chance!

Tipps für diese Phase:

➤ Gib dir selbst Zeit, um zu heilen.

➤ Konzentriere dich auf deine eigenen Bedürfnisse.

➤ Sei liebevoll zu dir selbst.

24

Diese Phase kann lange
dauern, aber sie bereitet dich
auf das nächste Kapitel deiner
Reise vor.

Die mögliche Wiedervereinigung – Mit oder ohne die Dualseele glücklich werden

Ob du mit deiner Dualseele wieder zusammenkommst, ist nicht garantiert. Manche finden nach ihrer Heilung wieder zusammen, andere gehen getrennte Wege. Beides ist in Ordnung.

Wichtige Erkenntnisse:

> ➢ Die Verbindung bleibt bestehen, auch wenn ihr euch physisch trennt.

> ➢ Dein Glück hängt nicht von der anderen Person ab.

➤ Das Ziel der Reise ist nicht unbedingt eine romantische Beziehung, sondern innere Erfüllung.

Wenn beide geheilt und bereit
sind, kann es zu einer
Wiedervereinigung kommen.
Doch sie geschieht nicht aus
Bedürftigkeit, sondern aus
echter, freier Liebe.

Übung - Wo stehe ich aktuell auf meiner
Dualseelenreise?

Nimm dir einen Moment Zeit und überlege, in welcher Phase du dich gerade befindest!

Einige Leit-Fragen dazu - zur

Selbstreflexion:

1. Wie hat meine Dualseelenverbindung

   begonnen?

2. Welche Phase trifft aktuell am

   meisten auf mich zu?

3. Was hat mir die Verbindung bisher

   über mich selbst gezeigt?

4. Welche Ängste oder Unsicherheiten

   sind in mir aufgetaucht?

5. Was kann ich tun, um meinen

   eigenen Heilungsprozess zu

   unterstützen?

Platz für deine Notizen:

_____

_____

_____

_____

_____

_____

_____

_____

_____

_____

_____

_____

_____

_____

_____

_____

_____

_____

_____

_____

_____

_____

_____

_____

Diese Übung hilft dir, deine eigene Situation besser zu verstehen und bewusster mit der Dualseelenreise umzugehen.

28

Fazit

Die Dualseelenreise ist kein gerader Weg. Sie besteht aus intensiven Momenten, Trennungen, Heilung und Wachstum. Doch jede Phase hat ihren Sinn und hilft dir, dich selbst besser kennenzulernen.

Das nächste Kapitel beschäftigt sich mit der emotionalen Achterbahn, die viele in einer Dualseelenverbindung erleben.

Dort erfährst du, wie du mit deinen Gefühlen besser umgehen kannst und welche Heilungsmethoden dir helfen.

Bist du bereit, weiterzugehen?
Dann lass uns gemeinsam
diesen Weg erkunden.

Kapitel 3:

Die emotionale Achterbahn –
Wie du mit deinen Gefühlen
umgehen kannst?

Die Dualseelenreise ist oft mit intensiven
Gefühlen verbunden. Viele Menschen
erleben extreme Höhen und Tiefen, die sie
vorher so nicht kannten. Momente der tiefen
Liebe und Verbundenheit wechseln sich ab
mit Schmerz, Sehnsucht und Verzweiflung.

Doch warum ist das so?

> ➤ Warum fühlt sich diese Verbindung
>   manchmal wie der Himmel und
>   manchmal wie die Hölle an?

Und vor allem:

➢ Wie kannst du lernen, mit deinen Emotionen besser umgehen?

In diesem Kapitel erfährst du, warum deine Gefühle so stark sind, wie du sie besser verstehst und wie du emotionalen Schmerz in Heilung verwandeln kannst.

Warum sind die Gefühle in einer Dualseelenverbindung so intensiv?

Eine Dualseelenverbindung ist nicht einfach eine „normale" Beziehung.

Sie berührt die tiefsten Schichten deiner Seele und bringt oft alte Verletzungen ans Licht.

Hier sind einige **Gründe, warum deine Gefühle so intensiv sein können:**

31

➢ **Energetische Verbindung:** Viele Menschen spüren ihre Dualseele, selbst wenn sie nicht in der Nähe ist. Das kann wunderschön sein, aber auch belastend.

➢ **Alte Wunden werden aktiviert:** Die Begegnung mit deiner Dualseele kann alte Ängste, Unsicherheiten und traumatische Erfahrungen aus der Vergangenheit hervorbringen.

➢ **Sehnsucht und Verlustangst:** Besonders in der Trennungsphase fühlen sich viele Menschen, als würde ihnen ein Teil ihrer Seele fehlen.

➢ **Erwartungen und Enttäuschungen:** Wenn sich die Dinge nicht so entwickeln, wie du es dir wünschst, kann das starke Emotionen auslösen.

32

Diese Gefühle sind normal –

doch es ist wichtig, dass du

lernst, sie bewusst

wahrzunehmen und mit ihnen

umzugehen.

Wie du deine Emotionen besser verstehst?

Oft reagieren wir auf starke Gefühle, ohne sie

wirklich zu hinterfragen. Doch wenn du

deine Emotionen bewusst beobachtest,

kannst du viel über dich selbst lernen.

**Hier wieder einige Leit-Fragen, die dir
helfen können:**

1.   Was fühle ich gerade wirklich?

33

➤ Manchmal steckt hinter Wut eigentlich Traurigkeit oder hinter Angst eine tiefe Sehnsucht.

2. Warum fühle ich mich so?

3. Welche Gedanken oder Erinnerungen haben dieses Gefühl ausgelöst?

4. Ist dieses Gefühl heute entstanden oder kommt es aus meiner Vergangenheit?

➤ Viele Emotionen haben ihre Wurzeln in alten Erfahrungen.

5. Was brauche ich jetzt?

➤ Vielleicht brauchst du Trost, Ruhe oder eine klare Entscheidung für dich selbst.

Diese Fragen helfen dir, dich nicht von deinen Gefühlen

überwältigen zu lassen, sondern

sie bewusst zu verstehen.

Wie du mit negativen Gefühlen umgehen kannst?

Jeder Mensch erlebt in einer Dualseelenverbindung Momente des Schmerzes.

Doch du hast die Möglichkeit, deine Gefühle zu heilen, anstatt in ihnen stecken zu bleiben.

Hierzu einige Strategien, die dir helfen können:

1. Akzeptiere deine Gefühle!

Es ist völlig okay, traurig, wütend oder verletzt zu sein.

Unterdrücke deine Emotionen nicht – sie wollen dir etwas sagen.

Erlaube dir, sie bewusst zu fühlen, ohne dich von ihnen beherrschen zu lassen.

Aufgabe 1: Emotionen wahrnehmen

1. Setze dich an einen ruhigen Ort und frage dich:

➢ Was fühle ich gerade?

Schreibe deine Gefühle ohne Bewertung auf.

2. Find einen gesunden Ausdruck für deine Emotionen!

Starke Gefühle brauchen einen Weg, um verarbeitet zu werden.

Hierzu einige Möglichkeiten, die dir dabei helfen werden:

- ➢ **Schreiben:** Führe ein Tagebuch oder schreibe einen Brief an deine Dualseele (du musst ihn nicht abschicken).

- ➢ **Kreativität:** Male, singe oder tanze – das kann helfen, Emotionen auszuleben und loszulassen.

- ➢ **Bewegung:** Sport oder Spaziergänge in der Natur können deine Energie ins Gleichgewicht bringen.

- ➢ **Atemübungen:** Atme bewusst und komme ins Hier und Jetzt

---

Wenn dich starke Emotionen überwältigen, hilft es, bewusst zu atmen.

Eine einfache Technik ist:

37

➢ Atme tief ein, zähle dabei bis 4.

➢ Halte den Atem für Sekunden.

➢ Atme langsam aus, zähle dabei bis 6.

Diese Atem-Übung hilft, dein
Nervensystem zu beruhigen.

---

3. Erkenne alte Muster und löse sie auf

Viele Emotionen in einer
Dualseelenverbindung stammen nicht nur
aus der aktuellen Situation, sondern aus alten
Erfahrungen.

Vielleicht hast du als Kind gelernt, dass du
kämpfen musst, um geliebt zu werden, oder
dass du verlassen wirst, wenn du dich öffnest.

Die Dualseelenreise gibt dir die
Chance, diese Muster zu
erkennen und zu heilen.

38

Aufgabe 2: Bewusst neue Wege!

Frage dich:

➢ Woher kenne ich dieses Gefühl?

➢ Gab es in meiner Kindheit oder früheren Beziehungen ähnliche Situationen?

Wenn du erkennst, dass deine Reaktion aus alten Erfahrungen stammt, kannst du bewusst jetzt neue Wege wählen.

Wie du innere Balance findest

Emotionale Heilung bedeutet nicht, dass du nie wieder Schmerz fühlst. Aber du lernst, besser mit deinen Gefühlen umzugehen und innerlich stabil zu bleiben.

39

Hier sind einige **Dinge, die dir helfen können, deine innere Balance zu stärken:**

1. Selbstliebe und Selbstfürsorge

Je mehr du dich selbst liebst, desto weniger bist du abhängig von der Bestätigung deiner Dualseele.

Frage dich:

> ➢ Was kann ich heute für mich tun, um mich gut zu fühlen?

Manchmal sind es kleine Dinge wie ein warmes Bad, gute Musik oder ein Spaziergang. Je mehr du für dein eigenes Wohlbefinden sorgst, desto stabiler wirst du.

---

2. Grenzen setzen

Es ist wichtig, dass du für dich selbst sorgst und erkennst, wann eine Situation dir nicht guttut. Du darfst „Nein" sagen, wenn du merkst, dass etwas dich zu sehr belastet.

Aufgabe 3: Gesunde Verbindung, innere Werte

➢ Schreibe auf, welche Dinge du in Zukunft nicht mehr zulassen möchtest und worauf du in einer gesunden Verbindung Wert legst!

3. Vertrauen entwickeln

Die Dualseelenreise kann sich oft unsicher anfühlen. Doch wahre Heilung geschieht, wenn du lernst, dem Leben zu vertrauen – egal, was passiert.

Eine Affirmation, die dir helfen kann:

41

Ich vertraue dem Prozess. Alles

geschieht genauso, wie es für

mich richtig ist.

Übung - Dein emotionales Tagebuch:

Dein emotionales Tagebuch:

- ➤ Nimm dir eine Woche lang jeden Tag 5-10 Minuten Zeit und beantworte diese Fragen:

1. Was habe ich heute emotional erlebt?

2. Was hat diese Emotion in mir ausgelöst?

3. Wie bin ich mit diesem Gefühl umgegangen?

4. Was kann ich morgen anders
    machen, um mich besser zu fühlen?

Diese Übung hilft dir, deine
eigenen emotionalen Muster zu
erkennen und bewusst mit
ihnen umzugehen

Fazit

Die emotionale Achterbahn in einer
Dualseelenverbindung ist herausfordernd,
aber sie ist auch eine Einladung zur Heilung.
Du kannst lernen, mit deinen Gefühlen
bewusster umzugehen und alte Wunden zu
transformieren.

> ➤ Im nächsten Kapitel erfährst du, wie
> du deine eigene Energie stärken und

43

dich aus Abhängigkeiten lösen

kannst, um wirklich frei zu lieben!

➢

Bist du bereit? Dann lass uns

gemeinsam den nächsten Schritt

gehen!

45

Kapitel 4:

Selbstliebe und innere Heilung – Dein Weg zur emotionalen Freiheit

Eine der größten Herausforderungen in einer Dualseelenverbindung ist es, sich nicht in der Sehnsucht oder in Abhängigkeiten zu verlieren. Viele Menschen stellen ihr eigenes Glück hinten an und konzentrieren sich nur noch auf ihre Dualseele.

Doch genau das kann zu Schmerz, Enttäuschung und immer wiederkehrenden Mustern führen!

Die gute Nachricht ist: Du kannst lernen, dich selbst zu lieben, dich innerlich zu heilen und dein Glück nicht von einem anderen Menschen abhängig zu machen.

46

Selbstliebe ist der Schlüssel zu echter innerer Freiheit – egal, ob du mit deiner Dualseele zusammenkommst oder nicht.

In diesem Kapitel erfährst du, wie du dich selbst wertschätzen kannst, alte Wunden heilst und deine eigene innere Stärke findest.

Warum ist Selbstliebe so wichtig?

In einer Dualseelenverbindung wird oft ein tiefes Bedürfnis nach Liebe, Anerkennung und Bestätigung geweckt.

Doch wenn du dieses Bedürfnis nur im Außen suchst, gerätst du in eine emotionale Abhängigkeit.

Selbstliebe bedeutet:

47

➤ Du erkennst deinen eigenen Wert –
   unabhängig von deiner Dualseele.

➤ Du bist nicht mehr von der
   Aufmerksamkeit oder Zuneigung des
   anderen abhängig.

➤ Du kümmerst dich liebevoll um dich
   selbst und deine Bedürfnisse.

➤ Du findest innere Erfüllung, anstatt
   im Außen nach Glück zu suchen.

Wenn du dich selbst liebst,
wirst du frei – frei, mit oder
ohne deine Dualseele glücklich
zu sein

Wie erkennst du, ob du noch in Abhängigkeit
bist?

Manchmal ist es schwer zu merken, ob du wirklich aus Liebe handelst oder aus Abhängigkeit.

Hier sind einige **Anzeichen dafür, dass du noch zu sehr an der Verbindung festhältst:**

- ➢ Du denkst fast den ganzen Tag an deine Dualseele.
- ➢ Dein Wohlbefinden hängt stark davon ab, ob du Kontakt hast oder nicht.
- ➢ Du machst dein Glück davon abhängig, ob ihr zusammenkommt.
- ➢ Du stellst deine eigenen Bedürfnisse hinten an und versuchst alles, um die Verbindung „zu retten".
- ➢ Du fühlst dich wertlos oder leer, wenn du von deiner Dualseele getrennt bist.

49

Wenn du dich in diesen
Punkten wiedererkennst, ist
das kein Grund zur Sorge – es
ist einfach ein Zeichen, dass du
jetzt die Möglichkeit hast, dich
selbst mehr zu lieben und zu
stärken.

Wie du Selbstliebe in dein Leben bringst?

Selbstliebe ist kein einmaliges
Ziel, sondern ein täglicher
Prozess.

Hier sind einige **Schritte, die dir helfen**
können:

1. Nimm dich selbst an – so, wie du bist

Viele Menschen zweifeln an sich selbst oder fühlen sich nicht genug. Doch wahre Selbstliebe beginnt damit, dich so zu akzeptieren, wie du bist mit all deinen Stärken und Schwächen.

Aufgabe 1: Spiegelübung

Stelle dich vor einen Spiegel, schaue dir in die Augen und sage laut:

- ➤ Ich bin gut, genau so, wie ich bin.
- ➤ Ich bin liebenswert – unabhängig von anderen Menschen.

_____

Am Anfang mag sich das ungewohnt anfühlen, aber je öfter du es machst, desto mehr wirst du es fühlen.

_____

2. Stärke deine innere Stimme

Manchmal kritisieren wir uns selbst viel stärker als jeder andere. Doch Selbstliebe bedeutet, liebevoll mit sich selbst zu sprechen.

Aufgabe 2: Umformulieren, Wunder in der Wirkung

Schreibe auf, welche negativen Gedanken du oft über dich hast, wie z.B.:

> ➤ „Ich bin nicht gut genug."
> ➤ „Ohne meine Dualseele kann ich nicht glücklich sein."

Dann formuliere sie in positive Sätze um:

> ➤ „Ich bin wertvoll und liebe mich selbst."
> ➤ „Ich verdiene Liebe, egal, ob meine Dualseele da ist oder nicht."

52

Ergänze täglich diese Liste, du findest zu
100% weitere Sätze und formuliere sie um!

Lese dir diese positiven Sätze
jeden Tag laut vor. Deine
Gedanken formen deine
Realität!

---

3. Kümmere dich um dein inneres Kind

Oft kommen in einer Dualseelenverbindung
alte Wunden aus der Kindheit hoch – zum
Beispiel das Gefühl, nicht genug zu sein oder
Angst vor Verlassenwerden.

Eine wunderbare Möglichkeit,
Selbstliebe zu stärken, ist die
Heilung des inneren Kindes.

53

Aufgabe 3: ICH-Identität

➢ Schließe die Augen und stelle dir dein jüngeres **Ich** vor – vielleicht bist Du ein kleines Kind, das 4 oder 5 Jahre alt ist!

➢ **Frage es:** Was brauchst du gerade?

Sage ihm liebevolle Worte, wie:

➢ Du bist wertvoll.

➢ Ich bin für dich da.

➢ Ich beschütze dich.

Diese Übung hilft dir, alte Verletzungen zu heilen und dich selbst mit mehr Liebe zu behandeln.

---

4. Setze klare Grenzen

Ein wichtiger Teil der Selbstliebe ist es,

Grenzen zu setzen.

Wenn du immer wieder Dinge
tust, die dir nicht guttun,
schadest du dir selbst.

Frage dich:

➢ Wo lasse ich zu viel durchgehen?

➢ Welche Menschen oder Situationen
tun mir nicht gut?

Dann überlege, was du ändern kannst

Du darfst „Nein" sagen, wenn
etwas nicht gut für dich ist!

---

5. Find dein eigenes Glück

55

Oft glauben wir, dass wir nur mit unserer Dualseele glücklich sein können.

Doch das ist nicht wahr. Dein Glück liegt in deinen Händen.

Frage dich:

> ➢ Was bringt mir Freude – unabhängig von meiner Dualseele?
>
> ➢ Welche Hobbys oder Interessen möchte ich wieder entdecken?
>
> ➢ Welche kleinen Dinge machen mich glücklich?

Finde Aktivitäten, die dir Freude bringen, und mache sie regelmäßig. Das stärkt deine Selbstliebe und bringt dir neue Energie.

56

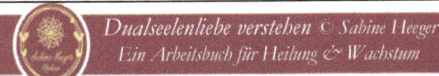

Übung - Dein persönlicher Selbstliebe-Plan

Dein persönlicher Selbstliebe-Plan

Nimm dir ein Blatt Papier und beantworte
folgende Fragen:

1. Was kann ich heute tun, um mir selbst Liebe zu zeigen?

2. Wie kann ich meine negativen Gedanken über mich selbst verändern?

3. Welche Grenzen möchte ich setzen, um mich besser zu schützen?

4. Welche Dinge machen mich glücklich – unabhängig von meiner Dualseele?

Hänge diesen Plan an einen Ort, an dem du ihn jeden Tag sehen kannst. Er wird dich daran erinnern, dich selbst an erste Stelle zu setzen.

Fazit

Selbstliebe ist der Schlüssel zu innerer Heilung und emotionaler Freiheit. Wenn du dich selbst liebst, brauchst du keine Bestätigung im Außen – du findest dein Glück in dir selbst.

Das bedeutet nicht, dass du deine Dualseele nicht liebst. Aber es bedeutet, dass du nicht leidest, wenn die Dinge anders laufen, als du es dir wünschst.

Im nächsten Kapitel geht es darum, wie du dich energetisch schützen kannst und warum es so wichtig ist, deine eigene Energie in Balance zu halten.

Bist du bereit, dich selbst an erste Stelle zu setzen? Dann lass uns gemeinsam den nächsten Schritt gehen!

Kapitel 5:

Energetischer Schutz – Wie du deine eigene Energie bewahrst

Die Verbindung zu deiner Dualseele ist nicht nur emotional, sondern auch energetisch intensiv. Viele Menschen spüren die Energie ihrer Dualseele – egal, ob sie Kontakt haben oder nicht.

Das kann sich warm und geborgen anfühlen, aber auch belastend sein, besonders wenn du dich ausgelaugt, unruhig oder ständig mit Gedanken an deine Dualseele beschäftigst.

Deshalb ist es wichtig, dass du lernst, deine eigene Energie zu schützen und dich nicht von äußeren Einflüssen mitreißen zu lassen.

In diesem Kapitel erfährst du,
wie du deine Energie bewusst
wahrnimmst, stärkst und
schützt und dich stabil und
ausgeglichen fühlst.

Warum ist energetischer Schutz so wichtig?

Wenn du dich oft müde, leer oder emotional überwältigt fühlst, kann das daran liegen,

dass du unbewusst Energien von anderen Menschen oder deiner Dualseele aufnimmst.

Hier einige **Anzeichen, dass du deine Energie besser schützen solltest**:

> ➤ Du fühlst dich plötzlich traurig oder
>   wütend, ohne zu wissen, warum.

61

➢ Du spürst Unruhe oder Herzklopfen, besonders wenn du an deine Dualseele denkst.

➢ Du hast das Gefühl, deine Gedanken drehen sich endlos um die Verbindung.

➢ Du fühlst dich ausgelaugt, nachdem du mit deiner Dualseele oder anderen Menschen gesprochen hast.

Diese Gefühle sind normal, aber du kannst lernen, dich besser abzugrenzen und deine eigene Energie zu bewahren.

Wie du deine eigene Energie erkennst

Der erste Schritt zum energetischen Schutz ist, deine eigene Energie von fremden Energien zu unterscheiden.

Aufgabe 1: Atme UND Wahrnehmen

1. Setze dich an einen ruhigen Ort und schließe die Augen:

   ➢ Atme tief ein und aus und frage dich: **Wie fühle ich mich gerade wirklich?**

2. Spüre in deinen Körper hinein:

   ➢ **Fühlst du dich entspannt oder angespannt?**

   ➢ **Ruhig oder aufgewühlt?**

3. Überlege: **Sind diese Gefühle wirklich meine oder habe ich sie von jemand anderem übernommen?**

63

Oft übernehmen wir Energien
von anderen, ohne es zu
merken. Wenn du erkennst,
dass ein Gefühl nicht wirklich
deins ist, kannst du es bewusst
loslassen

Techniken zum energetischen Schutz

Hier sind einige einfache und **wirksame Techniken, um deine Energie zu schützen:**

1. Energetische Schutzmauer aufbauen

Aufgabe 2: Energetische Schutzmauer

Stelle dir vor, dass eine schützende Lichtkugel oder ein unsichtbarer Schutzschild dich umgibt.

64

➢ Schließe die Augen und stelle dir eine goldene oder weiße Lichtkugel um dich herum vor.

➢ Sage innerlich: Ich bin geschützt. Nur Liebe und positive Energie erreichen mich.

➢ Spüre, wie du dich sicherer und ruhiger fühlst.

Diese Übung kannst du jeden Morgen machen, um dich für den Tag zu stärken

---

2. Erdung – Verbinde dich mit der Erde

Wenn du dich oft unruhig oder
„verloren" fühlst, kann das
daran liegen, dass du nicht
genug geerdet bist.

Aufgabe 3: Erdung

> ➢ Stelle dich barfuß auf den Boden
>   oder setze dich draußen auf die Erde.
>
> ➢ Schließe die Augen und stelle dir vor,
>   wie Wurzeln aus deinen Füßen in die
>   Erde wachsen.
>
> ➢ Spüre, wie du mit der Erde
>   verbunden bist und Sicherheit in dir
>   selbst findest.

Diese Übung hilft dir, stabil
und ausgeglichen zu bleiben.

---

3. Energetische Reinigung – Lasse
Fremdenergien los

Manchmal nehmen wir unbewusst Energien
von anderen auf. Deshalb ist es wichtig, sich
regelmäßig energetisch zu reinigen.

Möglichkeiten zur Reinigung:

➢ **Dusche:** Stelle dir vor, wie das
Wasser alle fremden Energien von dir
wegspült.

➢ **Kerze:** Schaue in das Kerzenlicht und
stelle dir vor, dass es alles Schwere
aus deiner Energie verbrennt.

➢ **Atemtechnik:** Atme tief ein und
stelle dir vor, dass du frische, klare
Energie einatmest. Beim Ausatmen
lässt du alles Belastende los.

Diese kleinen Rituale helfen dir, dich leichter und freier zu fühlen.

4. Gesunde Grenzen setzen

Nicht nur energetisch, sondern auch im Alltag ist es wichtig, klare Grenzen zu setzen.

Aufgabe 4: Energieräuber

Frage dich:

➢ Welche Situationen oder Menschen rauben mir oft Energie?

➢ Was kann ich tun, um mich besser abzugrenzen?

Du darfst lernen, dich selbst an

erste Stelle zu setzen und nicht

alles zuzulassen, was dir nicht

guttut.

---

5.   Loslassen und Vertrauen entwickeln

Oft klammern wir uns

energetisch an unsere Dualseele,

weil wir Angst haben, sie zu

verlieren. Wahre Liebe braucht

keine Kontrolle oder

Anhaftung.

Aufgabe 5: Loslassen

Loslasse

> Schließe die Augen und stelle dir
> deine Dualseele vor.

> **Sage innerlich**: Ich lasse dich in Liebe los und vertraue dem Prozess.

> **Spüre**, wie eine innere Leichtigkeit entsteht!

Loslassen bedeutet nicht, dass du aufhörst zu lieben – es bedeutet, dass du dich selbst nicht mehr belastest!

Übung - Dein persönliches Schutzritual!

Erstelle jetzt Dein persönliches Schutzritual!

> Welche der oben genannten Techniken möchtest du in deinen Alltag integrieren?

> Schreibe dir eine kleine Morgenroutine auf, die dir hilft, energetisch geschützt zu bleiben.

70

➢ Probiere es eine Woche lang aus und
beobachte, wie sich dein
Wohlbefinden verändert.

Fazit

Energetischer Schutz ist ein wichtiger Teil
der Dualseelenreise. Wenn du lernst, deine
eigene Energie zu bewahren, wirst du dich
nicht mehr so ausgelaugt oder abhängig
fühlen.

Im nächsten Kapitel geht es darum, wie du
dein Vertrauen in den Prozess stärken kannst
und wie du innere Ruhe findest – egal, was
im Außen geschieht.

---

*Bist du bereit, deine Energie zu
schützen und in deine eigene
Kraft zu kommen? Dann lass
uns den nächsten Schritt gehen!*

71

72

Kapitel 6

Vertrauen in den Prozess – Wie du innere Ruhe findest?

Die Dualseelenreise kann herausfordernd sein. Oft wechseln sich Hoffnung und Enttäuschung ab. Du fragst dich vielleicht, warum alles so kompliziert ist, warum deine Dualseele sich zurückzieht oder warum du das alles überhaupt erleben musst.

Doch genau hier liegt eine der wichtigsten Lektionen dieser Reise: Vertrauen. Vertrauen in dich selbst, in den Weg, den du gehst, und in das Leben.

73

In diesem Kapitel erfährst du, wie du dein Vertrauen stärkst, deine Ängste loslässt und innere Ruhe findest – unabhängig davon, was im Außen geschieht.

Warum ist Vertrauen so wichtig?

Wenn du Vertrauen hast, fühlst du dich sicher – auch wenn du nicht weißt, wie es weitergeht.

- ✓ Du lässt die Kontrolle los und erlaubst den Dingen, sich zu entwickeln.
- ✓ Du bist nicht mehr ständig von Zweifeln und Sorgen geplagt.
- ✓ Du findest inneren Frieden, egal ob du mit deiner Dualseele zusammenkommst oder nicht.

Ohne Vertrauen hingegen entsteht

Unsicherheit:

- ✓ Du hinterfragst alles und suchst ständig nach Antworten.
- ✓ Du fühlst dich hilflos, weil du das Ergebnis nicht beeinflussen kannst.
- ✓ Du klammerst dich an deine Dualseele, weil du Angst hast, sie zu verlieren.

Die gute Nachricht ist:
Vertrauen kann man lernen.

Was hindert dich am Vertrauen?

Oft gibt es innere Blockaden,
die dich daran hindern,
loszulassen und zu vertrauen.

Hier sind einige der **häufigsten Blockaden**:

1. Kontrollbedürfnis

Du möchtest wissen, was als Nächstes passiert, und versuchst, die Verbindung zu „steuern".

Doch die Dualseelenreise folgt keiner linearen Logik. Sie verläuft genauso, wie es für dein Wachstum notwendig ist.

2. Angst vor dem Unbekannten

Es ist schwer, sich sicher zu fühlen, wenn du nicht weißt, was auf dich zukommt. Aber genau diese Unsicherheit fordert dich heraus, Vertrauen zu entwickeln.

3. Ungeduld

Du möchtest, dass sich alles möglichst schnell klärt. Doch oft braucht die Reise Zeit – nicht, um dich zu bestrafen, sondern um dich wachsen zu lassen.

Wenn du erkennst, welche Blockaden dich am Vertrauen hindern, kannst du gezielt daran arbeiten.

Wie du Vertrauen in den Prozess entwickelst

Hier sind einige **praktische Schritte, um dein Vertrauen zu stärken**:

1. Akzeptiere, dass du nicht alles kontrollieren kannst

Das Leben folgt nicht immer unserem Plan und das ist gut so.

Manchmal geschehen Dinge, die wir erst später verstehen.

Aufgabe 1: Kontrolle loslassen

➢ Schreibe auf, was du unbedingt kontrollieren möchtest.

➢ **Frage dich:** Was würde passieren, wenn ich diese Kontrolle loslasse?

Erinnere dich an Situationen in der Vergangenheit, die sich auf unerwartete Weise positiv entwickelt haben.

➢ Schreibe die Situation auf, fühle dich in das Positive nochmals hinein!

Loslassen bedeutet nicht, dass dir etwas egal ist – sondern, dass du aufhörst, dich selbst unter Druck zu setzen.

---

2. Vertraue darauf, dass alles zu deinem Besten geschieht

Auch wenn es sich nicht immer
so anfühlt – alles, was du
erlebst, dient deinem
Wachstum.

Aufgabe 2: Chance erkennen!

Denke an eine schwierige Situation in deinem Leben:

- ➤ Was hast du daraus gelernt?
- ➤ Wie hat dich diese Erfahrung stärker gemacht?
- ➤ Notiere die Lernerfolge, die Erfahrung daraus!

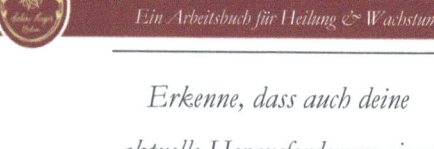
Erkenne, dass auch deine
aktuelle Herausforderung einen
tieferen Sinn hat; selbst, wenn
du ihn gerade noch nicht siehst.

---

3. Bleibe im Hier und Jetzt

Oft sorgen wir uns um die Zukunft oder grübeln über die Vergangenheit. Doch das Leben findet immer nur im gegenwärtigen Moment statt.

Praktische Tipps, um präsenter zu sein:

> ➤ **Atme bewusst:** Nimm dir jeden Tag einige Minuten Zeit, um tief ein- und auszuatmen.

> ➤ **Nutze deine Sinne:** Spüre bewusst, wie deine Füße den Boden berühren oder wie sich die Luft auf deiner Haut anfühlt.

> **Reduziere Ablenkungen:** Versuche, für einige Stunden am Tag dein Handy auszuschalten und bewusst im Moment zu sein.

Je mehr du im Jetzt bist, desto weniger Sorgen machst du dir über die Zukunft.

---

4. Stille deine Gedanken und finde innere Ruhe

Manchmal sind es unsere eigenen Gedanken, die uns am meisten verunsichern. Sie erzeugen Zweifel, Ängste und Unruhe.

Aufgabe 3: Gedanken loslassen

1. Setze dich an einen ruhigen Ort und schließe die Augen.

2. Atme tief ein und stelle dir vor, wie du bei jedem Ausatmen Gedanken loslässt.

3. Wenn dein Verstand unruhig wird, sage dir: **Ich vertraue dem Leben**.

Diese Übung hilft dir,
Abstand zu deinen
Gedanken zu bekommen
und Frieden in dir selbst
zu finden.

---

5. Glaube an dich und deine innere Weisheit

Oft suchen wir im Außen nach Antworten –
bei anderen Menschen, in Büchern oder im
Internet.

Doch die Wahrheit ist: **Du trägst die
Antworten bereits in dir.**

Aufgabe 4: Brief an dich selbst

Schreibe dir selbst einen Brief aus der
Zukunft aus der Sicht und dem Punkt, an
dem du dein Ziel bereits erreicht hast!

> ➢ Was rät dir dein zukünftiges **ICH**?

Lese dir diesen Brief immer wieder und
besonders, wenn du dich unsicher fühlst.

Erkenne, dass du stärker bist,

als du denkst, und dass du dir

selbst vertrauen kannst.

Übung - Dein persönliches Vertrauens-Tagebuch

Dein persönliches Vertrauenstagebuch

Besorge dir ein Blanko-Notizbuch – ab jetzt
dein Vertrauens-Tagebuch - und beantworte
täglich folgende Fragen:

> ➢ Wofür bin ich heute dankbar?
>
> ➢ Welche Situation hat sich in meinem
> Leben positiv entwickelt, obwohl ich
> es nicht erwartet habe?
>
> ➢ Was kann ich heute loslassen, um
> mehr Vertrauen zu haben?

Dieses Ritual hilft dir, deinen
Fokus auf das Positive zu
richten und Vertrauen zu
stärken.

Fazit

Vertrauen ist ein Prozess – es entwickelt sich mit der Zeit. Je mehr du lernst, loszulassen und dich auf den Moment zu konzentrieren, desto ruhiger wirst du.

Du musst nicht wissen, wie
alles ausgeht. Du musst nur
wissen, dass du genau da bist,
wo du sein sollst.

Im nächsten Kapitel erfährst du, wie du dein Leben bewusst gestalten kannst – unabhängig davon, ob deine Dualseele an deiner Seite ist oder nicht.

Bist du bereit, dem Leben zu vertrauen? Dann lass uns gemeinsam den nächsten Schritt gehen!

Kapitel 7

Dein Leben bewusst gestalten –

Unabhängig von deiner

Dualseele

Viele Menschen, die sich in einer
Dualseelenverbindung befinden, verlieren
sich oft in der Sehnsucht und warten darauf,
dass sich etwas verändert. Sie hoffen, dass
ihre Dualseele zurückkommt oder sich
endlich öffnet. Doch genau hier liegt eine
große Herausforderung:

---

*Dein Glück sollte nicht davon
abhängen, was deine Dualseele
tut oder was deine Dualseele
nicht tut.*

87

Das Wichtigste ist, dass du dein Leben unabhängig von deiner Dualseele bewusst gestaltest.

In diesem Kapitel erfährst du, wie du wieder in deine eigene Kraft kommst, Freude findest **und** dein Leben erfüllend gestaltest **und** egal ob deine Dualseele an deiner Seite ist oder nicht.

Warum ist es so wichtig, dein eigenes Leben zu leben?

Vielleicht hast du dich selbst schon einmal dabei erwischt, wie du ständig auf ein Zeichen oder eine Veränderung in eurer Verbindung wartest. Doch dabei kann es passieren, dass du dich selbst vernachlässigst.

Wenn du dein eigenes Leben gestaltest, wirst du glücklicher und ausgeglichener.

> ➤ Du kommst in deine Kraft und fühlst
> dich nicht mehr abhängig von der
> Reaktion deiner Dualseele.

> ➤ Du ziehst automatisch Positives in
> dein Leben – und - das wird auch die
> Dynamik mit deiner Dualseele
> verändern.

> ➤ Denn je mehr du dich auf dich selbst
> fokussierst, desto weniger leidest du
> unter dem Gefühl des Wartens.

Erkenne deine eigenen Bedürfnisse

Oft richten wir unseren Fokus so sehr auf die
Dualseele, dass wir unsere eigenen
Bedürfnisse vergessen.

Aufgabe 1: Glücks-Tagebuch

Besorge dir ein Blanko-Notizbuch – ab jetzt
dein Glücks-Tagebuch – und beantworte eine
erste Frage:

> Was brauche ich wirklich, um glücklich zu sein?

Denke dabei nicht an deine Dualseele, sondern nur an dich selbst.

Zur Orientierung:

> Welche Dinge haben dich früher begeistert?

> Welche Träume hast du vielleicht vergessen?

Ergänze in deinem Buch und folge deinen Impulsen!

Es ist wichtig, dass du wieder in Kontakt mit deinen eigenen Wünschen kommst.

Find Freude in deinem Alltag

Glück ist nicht etwas, das in der Zukunft liegt – es kann im Hier und Jetzt gefunden werden. Oft sind es die kleinen Dinge, die uns wieder ins Leben zurückholen.

Aufgabe 2: Alltagsfreude

> Was hat dich als Kind glücklich gemacht?

Vielleicht das Malen, Tanzen oder draußen in der Natur sein?

> Erlaube dir, diese Dinge wieder in dein Leben zu bringen.

> **Lerne etwas Neues:** Vielleicht wolltest du schon immer eine neue Sprache lernen oder ein kreatives Hobby ausprobieren.

> **Achte auf dein Wohlbefinde:** Sport, Meditation oder bewusste Entspannung helfen dir, dich wieder mit dir selbst zu verbinden.

91

Frage dich: Was kann ich heute tun, um mir selbst etwas Gutes zu tun?

Löse dich von der

Abhängigkeit zur Dualseele

Manchmal fühlt es sich so an, als ob dein Glück von der Anwesenheit oder dem Verhalten deiner Dualseele abhängt. Doch das ist eine Illusion.

➢ Erkenne, dass du auch ohne deine Dualseele vollständig bist.

➢ Dein Glück hängt nicht von einer anderen Person ab – es beginnt in dir selbst.

➢ Reduziere deine Gedanken an deine Dualseele.

➢ Versuche bewusst, deine Aufmerksamkeit auf dich selbst zu richten.

92

> **Höre auf zu warten:** Dein Leben findet jetzt statt, nicht irgendwann in der Zukunft.

Das bedeutet nicht, dass du deine Dualseele vergessen sollst – aber, dass du deinen Fokus auf dein eigenes Leben richtest.

Verändere deine Perspektive

Manchmal stecken wir in negativen Gedankenmustern fest. Vielleicht denkst du: Ich kann ohne meine Dualseele nicht glücklich sein. Doch das ist nur ein Glaubenssatz, den du verändern kannst.

1. Schreibe auf, welche negativen Gedanken du oft hast. Zum Beispiel:

„Ich bin nicht vollständig ohne meine Dualseele!"

2. Formuliere diesen Gedanken positiv um: **„Ich bin vollständig in mir selbst und finde mein Glück in mir!"**

3. **Beobachte und nehme den Unterschied (die Wirkung in DIR!) wahr!**

4. Wiederhole diese positiven Sätze täglich, dein Unterbewusstsein wird sie mit der Zeit verinnerlichen.

Unsere Gedanken bestimmen, wie wir uns fühlen. Wenn du bewusst deine Perspektive veränderst, wirst du dich freier und glücklicher fühlen.

Setze dir neue Ziele

94

Wenn du dein eigenes Leben wieder bewusst gestaltest, ist es hilfreich, neue Ziele zu setzen.

Beantworte die folgenden Leit-Fragen als Hilfestellung:

1. **Träume werden wahr:** Welche Träume hast du?
1. **Umsetzung:** Gibt es etwas, das du schon lange tun wolltest?
2. **Gehe los, kleine Schritte:** Welche kleinen Schritte kannst du heute gehen, um deinem Ziel näherzukommen?
3. **Gestalte, werde kreativ:** Wie sieht dein ideales Leben aus – unabhängig von deiner Dualseele?

Es hilft, sich eine Liste mit
Dingen zu machen, die du in
den nächsten Monaten
umsetzen möchtest. Das gibt
dir eine neue Richtung und
lässt dich wieder aktiv werden.

Übung - Dein perfekter Tag

Dein perfekter Tag

Nimm dir einen Moment Zeit und stelle dir detailliert vor, wie dein perfekter Tag für dich aussehen wird … UND … unabhängig von deiner Dualseele. Schreibe deinen Tagesablauf auf:

> ➢ Wann stehst du auf?

> ➢ Was tust du am Morgen, um gut in den Tag zu starten?

96

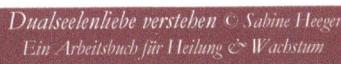
➢ Womit und wie verbringst du deine Zeit?

➢ Was gibt dir ein Gefühl von Erfüllung und Freude?

Diese Übung hilft dir, dein Leben bewusster zu gestalten und dich darauf zu fokussieren, was dich wirklich glücklich macht.

Fazit

Dein Leben gehört dir!

Es ist zu wertvoll, um es im Warten zu verbringen.

97

Indem du dich auf dich selbst konzentrierst, kommst du in deine Kraft und findest wahres Glück UND **ganz unabhängig** von deiner Dualseele.

Im nächsten Kapitel geht es darum, wie du in der Liebe frei wirst und wie du eine gesunde, erfüllende Beziehung führen kannst.

Bist du bereit, dein Leben wieder selbst in die Hand zu nehmen? Dann lass uns gemeinsam den nächsten Schritt gehen!

99

Kapitel 8

Wahre Liebe ist frei – Loslassen ohne Angst

Eine der größten Herausforderungen in einer Dualseelenverbindung ist das Loslassen. Viele Menschen haben Angst, dass sie ihre Dualseele verlieren, wenn sie sich innerlich distanzieren. Doch wahre Liebe bedeutet nicht Festhalten – sie bedeutet Freiheit.

In diesem Kapitel erfährst du, warum Loslassen so wichtig ist, wie du es ohne Angst tun kannst und warum es nicht bedeutet, deine Dualseele aufzugeben.

Was bedeutet Loslassen wirklich?

---

*Loslassen heißt nicht, dass du
deine Dualseele vergisst oder
dass dir eure Verbindung egal
ist.*

Es bedeutet:

➤ Du befreist dich von der ständigen Sehnsucht und dem Warten.

➤ Du hörst auf, die Verbindung kontrollieren zu wollen.

➤ Du findest Frieden – egal, ob ihr zusammenkommt oder nicht.

Oft glauben wir, dass Liebe bedeutet, an jemandem festzuhalten. Doch wahre Liebe ist das Gegenteil: **Sie ist frei und ohne Bedingungen.**

*Loslassen ist ein Akt des
Vertrauens in dich selbst, in
das Leben und in eure
Verbindung.*

Warum fällt Loslassen so schwer?

---

*Wenn Loslassen so wichtig ist,
warum tun wir uns dann oft so
schwer damit?*

Hierzu einige der häufigsten Gründe:

1. Die Angst, die Dualseele zu verlieren

Viele haben das Gefühl, dass ihre Dualseele
verschwindet, wenn sie sich innerlich lösen.

Doch das Gegenteil ist oft der Fall:

➤ Je mehr du loslässt, desto natürlicher
kann sich die Verbindung entfalten.

102

2. Die Hoffnung auf eine gemeinsame Zukunft

Natürlich wünscht sich jeder ein Happy End.

Doch solange du daran festhältst, blockierst du dich selbst.

Erst wenn du aufhörst zu warten, öffnest du dich für das, was wirklich geschehen soll.

---

3. Emotionale Abhängigkeit

Oft fühlen wir uns innerlich leer oder unvollständig und glauben, dass nur unsere Dualseele uns „heilen" kann. Doch in Wahrheit kannst nur du selbst dich vollkommen machen.

Wenn du verstehst, was dich
am Festhalten hindert, kannst
du beginnen, dich bewusst
davon zu lösen.

Wie du Loslassen in dein Leben integrierst

Loslassen ist ein Prozess.

Es passiert nicht von heute auf morgen,
sondern Schritt für Schritt.

Hier sind einige Wege, die dir helfen:

1. Akzeptiere, dass du den Ausgang
    nicht kontrollieren kannst

Egal, was du tust – du kannst deine Dualseele
nicht dazu bringen, auf dich zuzukommen
oder sich zu verändern.

104

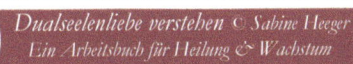
Aufgabe 1: Ritual - Brief an deine Dualseele

➤ Schreibe einen Brief an deine Dualseele, in dem du alle deine Wünsche und Hoffnungen ausdrückst.

Danach verbrenne oder zerreiße ihn symbolisch – als Zeichen, dass du das Ergebnis loslässt.

Diese Übung hilft dir, deine Kontrolle aufzugeben und Vertrauen zu entwickeln.

---

2. Trenne Liebe von Bedürftigkeit

Manchmal verwechseln wir Liebe mit dem Bedürfnis, dass jemand bei uns bleibt.

Doch wahre Liebe ist frei und

unabhängig.

Frage dich:

> Liebe ich meine Dualseele wirklich,
> wie sie ist?

> Oder liebe ich **nur die Vorstellung**,
> wie es sein könnte?

Je mehr du erkennst, dass du

niemanden „brauchst", um

vollständig zu sein, desto freier

wirst du. Lerne, mit der

Sehnsucht umzugehen

Es ist völlig normal, deine Dualseele zu
vermissen.

Doch statt dich in der Sehnsucht zu verlieren, kannst du lernen, sie bewusst wahrzunehmen und loszulassen.

Aufgabe 2: Atemübung

1. Setze dich für einige Minuten ruhig hin und atme tief ein und aus.

2. Stelle dir vor, dass du deine Sehnsucht als Licht in deinem Herzen spürst.

3. Mit jedem Ausatmen lässt du dieses Licht in den Himmel steigen – frei und ohne Erwartungen.

Diese Übung hilft dir, deine Gefühle nicht zu unterdrücken, sondern sanft loszulassen.

---

4. Lenke deinen Fokus auf dein eigenes Leben

107

Je mehr du dich auf dich selbst
konzentrierst, desto weniger
belastet dich die Verbindung.

Frage dich:

> ➢ Was macht mich unabhängig von
> meiner Dualseele glücklich?

Mache eine Liste von Dingen, die du für dich
selbst tun kannst. Loslassen bedeutet nicht,
dass du deine Dualseele aufgeben musst –
sondern, dass du dich selbst in den
Mittelpunkt stellst.

Beginne jeden Tag mit einer
bewussten Entscheidung für
dich selbst.

---

5. Vertraue auf den göttlichen Plan

108

Manchmal haben wir das Gefühl, dass etwas nicht so läuft, wie es „sollte".

Doch das Universum kennt den perfekten Zeitpunkt für alles.

Erinnere dich:

Du bist genau dort, wo du sein sollst.

Alles geschieht zu deinem Besten – auch wenn du es noch nicht verstehst.

Wenn du das tief in dir fühlst,
wird Loslassen leichter.

Übung - Dein Loslass-Ritual

Hier ist ein wirkungsvolles Ritual, das dir helfen wird, dich innerlich zu befreien:

> ➢ Schreibe auf, was du loslassen möchtest – zum Beispiel deine

109

Erwartungen oder die Angst, deine
Dualseele zu verlieren.

➢ Zünde eine Kerze an und lies dir
deine Worte laut vor.

➢ Atme tief ein und stelle dir vor, wie
du all diese Gefühle beim Ausatmen
loslässt.

➢ Verbrenne oder zerreiße den Zettel
als Zeichen, dass du bereit bist,
loszulassen.

---

*Dieses Ritual gibt dir ein
Gefühl von innerem Frieden
und Erleichterung.*

Fazit:

Loslassen ist Liebe

Loslassen bedeutet nicht, dass du deine Dualseele aufgibst.

Es bedeutet, dass du der Liebe

erlaubst, frei zu sein, ohne

Druck, ohne Erwartungen.

Je mehr du lernst, dich selbst in den Mittelpunkt deines Lebens zu stellen, desto leichter wird es.

Und oft geschehen genau dann die schönsten Wunder.

Im nächsten Kapitel erfährst du, wie du die Liebe in deinem Leben bewusst gestalten wirst und unabhängig von deiner Dualseele.

Bist du bereit, loszulassen und

dein Herz zu befreien?

111

112

Kapitel 9

Liebe in Freiheit – Gesunde Beziehungen leben

Im vorherigen Kapitel hast du gelernt, loszulassen und dich auf dein eigenes Leben zu konzentrieren.

Stellt sich eine wichtige Frage:

> ➤ Wie kannst du Liebe in Freiheit leben?

Viele Menschen, die eine Dualseelenverbindung erleben, haben Angst, dass sie nie wieder eine erfüllende Beziehung führen können, entweder weil sie auf ihre Dualseele warten oder weil sie glauben, niemand könnte diese Verbindung je ersetzen.

Doch wahre Liebe ist **nicht abhängig** von einer einzigen Person.

Wahre Liebe ist ein Gefühl,

dass du in dir trägst und du in

jeder gesunden Beziehung leben

kannst.

In diesem Kapitel erfährst du, wie du Liebe bewusst gestaltest, ohne dich selbst zu verlieren.

Was bedeutet „Liebe in Freiheit"?

Oft denken wir, dass wahre Liebe bedeutet, alles für eine Person zu tun oder sich selbst aufzugeben.

Doch das führt meist zu Schmerz und Abhängigkeit.

Wahre Liebe bedeutet, dass
beide Partner sich frei entfalten
dürfen.

Eine **gesunde Beziehung** basiert auf
Respekt, Vertrauen und Unabhängigkeit.

Liebe in Freiheit heißt, den anderen nicht
zu brauchen, sondern sich bewusst für ihn zu
entscheiden.

Liebe ist kein Käfig – sie ist
ein Raum, in dem sich beide
wohlfühlen.

Was unterscheidet eine gesunde Beziehung
von einer abhängigen Beziehung?

115

Die Tabelle (nächste Seite) zeigt einige

wichtige Unterschiede zwischen gesunder

oder abhängiger Beziehung!

Abhängige Beziehung	Gesunde Beziehung
Angst vor Verlust	Vertrauen in die Verbindung
Eifersucht und Kontrolle	Freiheit und Akzeptanz
Ständiges Warten auf den anderen	Fokus auf das eigene Leben
Verlust der eigenen Identität	Jeder bleibt er selbst
Emotionale Achterbahn	Innere Ruhe und Stabilität

Wenn du in einer Beziehung oft Angst hast

oder dich selbst vergisst, kann das ein

Zeichen für emotionale Abhängigkeit sein.

Doch das kannst du verändern.

Wie du eine gesunde und erfüllende Beziehung führst?

1. Liebe dich selbst zuerst

Das klingt zunächst wie ein Klischee, ist zu 100% die wichtigste Grundlage für jede Beziehung.

Frage dich:

➤ Behandle ich mich selbst so, wie ich von einem Partner behandelt werden möchte?

Mache Dinge, die dir Freude bereiten UND unabhängig von einer Beziehung!

Sei mit dir selbst glücklich, bevor du eine Partnerschaft eingehst.

Je mehr du dich selbst liebst, desto weniger wirst du von einem Partner erwarten, dass NUR er dich „komplett" macht.

2. Setze gesunde Grenzen

Liebe bedeutet nicht, dass du alles akzeptieren musst.

Gesunde Grenzen schützen dich davor, dich selbst zu verlieren.

➢ Erkenne, was du brauchst und was dir nicht gut tut.

➢ Sage klar, wenn etwas deine Grenzen überschreitet.

➢ Respektiere auch die Grenzen deines Partners.

Eine Beziehung funktioniert

am besten, wenn beide sich

gegenseitig respektieren.

3. Vermeide emotionale Abhängigkeit

Es ist schön, einen Menschen zu lieben,
aber:

➤ Wenn du ohne ihn nicht mehr
   glücklich sein kannst, entsteht
   Abhängigkeit.

Mach dir bewusst:

➤ Dein Glück hängt nicht von einer
   anderen Person ab.

➤ Finde deine Erfüllung in deinem
   eigenen Leben.

➤ Erinnere dich daran, dass du wertvoll
   bist UND ohne eine Beziehung.

119

---

*Je unabhängiger du emotional
bist, desto gesünder wird deine
Partnerschaft.*

---

4. Liebe ohne Erwartungen

Oft entstehen Konflikte, weil wir erwarten,
dass unser Partner uns auf eine bestimmte
Weise liebt.

- ➢ Lerne, den anderen so anzunehmen,
  wie er ist.
- ➢ Sei dankbar für das, was dein Partner
  dir gibt, statt dich auf das zu
  konzentrieren, was fehlt.
- ➢ Erkenne, dass du nicht für das Glück
  deines Partners verantwortlich bist –
  und er nicht für deins.

Je weniger du erwartest, desto
freier und echter kann die
Liebe fließen.

Kannst du eine erfüllende Liebe ohne deine Dualseele finden?

Viele Menschen glauben, dass sie nur mit ihrer Dualseele wirklich glücklich werden können. Doch das ist ein Trugschluss.

Es gibt viele Menschen, mit denen du eine tiefe, liebevolle Beziehung führen kannst.

Deine Dualseele ist ein wichtiger Teil deines Weges UND nicht der einzige Mensch, mit dem du Liebe erleben kannst.

Wahre Liebe bedeutet nicht, dass sie nur mit einer bestimmten Person möglich ist.

Öffnest Du dein Herz, kannst
du eine wunderschöne, gesunde
und liebevolle Partnerschaft mit
jemandem eingehen, der dich
wirklich schätzt!

Übung - Schaffe die ideale Beziehung!

Deine ideale Beziehung erschaffen:

Nimm dir einen Moment Zeit und
beantworte die folgenden Fragen:

1. Wie sieht eine Beziehung aus, in der
   du dich frei und glücklich fühlst?

2. Welche Werte sind dir in einer
   Partnerschaft wichtig?

3. Wie möchtest du in einer Beziehung
   behandelt werden UND wie
   möchtest du deinen Partner
   behandeln?

*Schreibe diese Punkte auf und
erinnere dich daran, dass du
genau diese Art von Beziehung
erschaffen kannst.*

Fazit:

Liebe beginnt in dir selbst

➢ Eine gesunde, erfüllende Liebe ist
möglich – mit oder ohne deine
Dualseele.

➢ Wahre Liebe ist frei, nicht
besitzergreifend.

➢ Eine gesunde Beziehung basiert auf
gegenseitigem Respekt und
Unabhängigkeit.

Wenn du dich selbst liebst,

wirst du auch eine liebevolle

Partnerschaft anziehen.

Im nächsten Kapitel erfährst du, wie du dein

Herz endgültig heilst und offen für neue

Möglichkeiten wirst.

Bist du bereit, Liebe in Freiheit

zu leben?

Kapitel 10

Heilung und Neubeginn – Dein

Weg in die Zukunft

Du hast nun eine tiefe Reise durch die Höhen und Tiefen der Dualseelenverbindung gemacht.

Vielleicht fühlst du dich befreit, vielleicht hast du noch offene Fragen – beides ist völlig in Ordnung.

Dieses Kapitel wird dir helfen, einen bewussten Abschluss zu finden und voller Vertrauen in die Zukunft zu blicken.

Der Weg der Dualseelen ist kein Ende, sondern ein Anfang

Viele Menschen glauben, dass ihr Leben stillsteht, solange sie ihre Dualseele nicht an ihrer Seite haben. Genau das ist die größte Illusion!

> ➢ Deine Dualseele ist nicht dein Ziel, sondern sie ist dein Spiegel, der dich wachsen lässt.
> ➢ Die wichtigste Beziehung in deinem Leben ist die Beziehung zu dir selbst.

Wenn du dich selbst heilst,
wird dein Leben automatisch
erfüllender UND unabhängig
von deiner Dualseele.

Die Dualseelenreise ist ein spiritueller Weg.

Die Dualseelenreise wird dir zeigen:

> ➢ Wo du noch innere Wunden hast?
> ➢ Wo du dich selbst klein hältst?
> ➢ Wo du dich von äußeren Umständen abhängig machst?

Wenn du das erkennst, kannst du eine bewusste Entscheidung treffen:

Wähle dich selbst!

Vertraue dem Fluss des Lebens

Loslassen heißt nicht, dass du deine Dualseele vergessen musst.

127

Es bedeutet in erster Linie nur, dass du aufhörst, dein Glück von ihr abhängig zu machen.

> ➤ Vertraue darauf, dass alles zu deinem höchsten Wohl geschieht.
> ➤ Glaube daran, dass wahre Liebe niemals verloren geht UND sie verändert nur ihre Form.
> ➤ Öffne dein Herz für alles, was das Leben dir schenken möchte.

Vielleicht führt dich dein Weg irgendwann wieder zu deiner Dualseele UND Vielleicht auch nicht! Das Wichtigste ist:

_____

Du bist bereits vollständig –
genau so, wie du bist.

_____

Übung - Dein persönlicher Abschluss

Dein persönlicher Abschluss

Nimm dir ein ruhiges Plätzchen und beantworte diese Fragen in deinem Notizbereich:

> ➢ Welche Erkenntnisse hast du aus dieser Reise mitgenommen?

> ➢ Was hat sich in deinem Denken, Fühlen und Handeln verändert?

> ➢ Wie wirst du deine Zukunft gestalten – unabhängig von deiner Dualseele?

Diese Übung hilft dir, bewusst abzuschließen UND deinen Blick lösungssuchend nach vorne zu richten UND wird dich selbstbewusst deinen Lebensweg gestalten lassen!

Abschluss

Bist Du bereit für ein neues Kapitel?

Du bist bereit für dein neues
Kapitel auf deiner Lebensreise?

Vielleicht hast du anfangs gehofft, dass dieses Buch dir eine klare Antwort gibt, dass deine Dualseele zu dir zurückkehrt.

Die Wahrheit ist:

Die wichtigste Antwort findest
du in dir selbst.

Die Reise mit deiner Dualseele hat dich an deine tiefsten Ängste, deine größten Sehnsüchte und dein wahres Selbst geführt!

Diese Reise hat dich wachsen lassen! Jetzt liegt es an dir, was du aus diesem Wissen machst!

- ✓ **Öffne dein Herz für neue Möglichkeiten.**
- ✓ **Lass los, was dich begrenzt und einschränkt!**
- ✓ **Vertraue darauf, dass das Leben dich genau dorthin führt, wo du sein sollst.**

Egal, wo du jetzt geradestehst, sie stolz auf dich und sei dir bewusst: Du bist auf dem richtigen Weg.

Du bist bereit für dein nächstes Kapitel.

132

Eigene Notizen

- ➤ Meine Erfahrungen

- ➤ Meine Gedanken

- ➤ Meine Wahrnehmungen

- ➤ Meine Gefühle

- ➤ Was hat sich verändert?

Verlag: BoD · Books on Demand GmbH,

Überseering 33, 22297 Hamburg,

bod@bod.de

Druck: Libri Plureos GmbH,

Friedensallee 273, 22763 Hamburg

ISBN: 978-3-8192-7647-7